CINQ ANS
DE LA
VIE D'UN ZOUAVE

PAR

Jean LAGUERRE

Professeur d'Escrime et de Gymnastique
Membre de la Commission Technique de l'Association régionale de Gymnastique des départements de Seine-et-Oise, Seine-et-Marne et Oise
Directeur de la Société régionale de Gymnastique *La Provinoise*
Sous-Directeur de la Société de Tir de Provins

PROVINS
IMPRIMERIE A. VERNANT

1891

CINQ ANS

DE LA

VIE D'UN ZOUAVE

PAR

Jean LAGUERRE

Professeur d'Escrime et de Gymnastique

Membre de la Commission Technique de l'Association régionale de Gymnastique des départements de Seine-et-Oise, Seine-et-Marne et Oise

Directeur de la Société régionale de Gymnastique *La Provinoise*

Sous-Directeur de la Société de Tir de Provins

PROVINS

IMPRIMERIE A. VERNANT

—

1891

AU LECTEUR

Je me suis promis, en racontant ma vie militaire, de relater seulement ce que j'avais vu, ce qui m'était arrivé à moi-même.

Ceux qui, comme moi, ont passé cinq ans en Algérie et ont pris part à plusieurs expéditions, pourront se rendre compte de la véracité de mon récit. Ma vie de soldat fut comme celle de bien d'autres, exposée à de nombreux incidents qui pourront paraître invraisemblables à ceux qui n'ont vécu que de la vie civile, et même aux soldats qui n'ont jamais quitté le sol de la France.

Je prie les uns et les autres de me suivre dans mes voyages que je tâcherai, moi aussi, de suivre étape par étape, sans rien oublier. Mon récit n'est donc pas un roman, mais une histoire vraie.

CINQ ANS

DE LA VIE D'UN ZOUAVE

Mes impressions. — Les récits de mon père. — Je m'engage. — Mon départ.

Je suis né à Saint-Nicolas-du-Port, le 12 octobre 1858. Saint-Nicolas-du-Port est un chef-lieu de canton fort de huit mille habitants et situé entre Nancy et Lunéville, ces deux villes de l'Est qui, vu leur position, ont toujours été des points de concentration pour notre armée.

Tous les ans, la garnison de Lunéville se rendait au camp de Châlons, pour les manœuvres d'automne, et passait par Saint-Nicolas qui est la route la plus directe. C'était plaisir de voir ces dragons, ces cuirassiers et ces artilleurs chevauchant sur leurs montures et tout fiers de porter l'uniforme.

Je me rappelle que la vue de ces braves soldats produisait en moi la plus vive impression. Je les regardais d'un œil d'envie. J'aurais voulu, moi aussi, porter le pantalon rouge ; aussi me promettais-je bien de m'engager, une fois l'âge venu. Mes idées ne changèrent point lorsque je grandis. Au contraire, l'idée d'être militaire me hantait jour et nuit, j'avais la ferme conviction que je ferai mon chemin dans cette carrière. On verra plus tard si je me trompais.

Mon père, ancien grenadier sous Louis-Philippe, me racontait très souvent des histoires de soldat : ses expéditions, ses combats en Algérie, où il avait été pendant deux ans — et ne faisait par ses récits que raviver en moi le feu sacré.

Le jour de mes dix-huit ans arriva enfin, et l'autorisation de mon père dans ma poche, je partis pour le bureau de recrutement de Nancy, afin d'y contracter un engagement de cinq ans.

L'officier de recrutement, un jeune sous-lieutenant, me demanda quelle arme j'avais choisie. Je répondis :

« Le Génie » Je n'avais pas, malheureusement, la taille voulue. J'aurais cependant aimé à faire partie de ce corps d'élite. Survint alors un capitaine, un vieux celui-là, qui me dit en me toisant de la tète aux pieds : « Tu ferais un bon zouave, et je t'engage à choisir un de ces régiments. » J'optai pour les zouaves, et après avoir passé la visite du médecin-major qui me trouva bon pour le service, je fus désigné pour le 3e régiment de zouaves, stationnant à Constantine. Force me fut de partir le lendemain mardi, 20 octobre 1876. Je n'eus même pas le temps de revenir à Saint-Nicolas faire les adieux à mon père. Ma mère était morte depuis trois trois.

Donc, le mardi matin, à cinq heures, je prenais à Nancy le train pour Marseille. Je laisse à penser si j'en avais gros sur le cœur ; les larmes sillonnaient mes joues. Je n'avais jamais quitté le toit paternel et je partais à cinq cents lieues !

Mon voyage. — J'arrive à Marseille. — En mer.

Partir sans revoir les miens, et aller si loin ! Si j'allais ne plus revenir ! Telles étaient les réflexions que je faisais dans mon compartiment où je me trouvais seul. J'avais encore l'espoir, puisque nous passions par Saint-Nicolas, de rencontrer quelqu'un qui pût faire part à mon père de mon départ ; mais je ne trouvai personne de connaissance en gare, peut-être à cause de l'heure matinale. J'étais au désespoir, je regardais de tous côtés, mais je n'aperçus que des ouvriers qui se rendaient à leurs travaux en suivant un chemin latéral à la voie du chemin de fer. Ce jour-là, le temps était couvert et pluvieux. Avant de fermer la portière du wagon, je regardai une dernière fois. Je vis alors au loin, devant moi, un homme, un ouvrier aussi sans doute, qui se rendait à son travail. Il allait la tête basse, lentement, comme absorbé par ses réflexions. Je ne sais pourquoi, plus je le regardais, plus je me sentais attiré vers lui. Soudain, le sifflet de la machine se fit entendre, l'ouvrier tourna la tête ; je me trouvais justement à sa hauteur, et à dix mètres de lui tout au plus. Quelles furent ma surprise et ma joie lorsque je reconnus mon père qui, son panier au bras, se rendait à la Saline où il était chauffeur depuis vingt-deux ans ! Je lui criai : « au revoir ! » de toute la force de mes poumons, et en lui faisant force gestes du bras. Mais il m'entendit sans me voir, comme je l'ai su plus tard. Nous allions vite, et je crus qu'il m'avait vu. Je fis donc le reste du trajet avec une tranquillité relative. De Nancy à Lyon, je restai presque constamment seul dans mon compartiment, aussi je fus bien aise quand, à minuit, j'entendis l'employé de la gare de Lyon crier : « Tout le monde descend. »

Mon premier devoir fut de m'enquérir de l'heure du premier train pour Marseille. « Six heures cinq » me fut-il répondu. J'avais donc encore six heures devant moi. Comment les employer ? Aller manger et me reposer quelques heures, c'était ce que j'avais de mieux à faire ; j'entrai donc dans un restaurant où je me fis servir un bouillon, un morceau de viande froide et une demi bouteille de vin. J'allai ensuite me jeter sur un lit, et à cinq heures, après avoir soldé ma dépense qui se montait à six francs, je m'acheminai lentement vers la gare. A l'heure dite, le train filait rapide pour la Cannebière. Cette fois je n'étais plus seul, car une dame d'un certain âge, son mari et un jeune homme avaient déjà pris place dans le wagon.

Comme il arrive toujours entre voyageurs, nous causâmes d'abord de choses et d'autres, et après avoir parlé de la pluie et du beau temps, j'appris que le jeune homme engagé volontaire aussi, allait rejoindre le 3e régiment de zouaves. Je fus enchanté d'avoir un compagnon de route se rendant à la même destination que moi, et comme il avait l'air d'un honnête garçon, je résolus d'en faire mon ami.

Levé, tel était son nom, m'apprit qu'il était fils de cultivateurs habitant un petit village des environs de Saint-Etienne, et qu'il s'était engagé pour pouvoir revenir plus vite au pays et se marier.

Là-dessus il me montra une lettre de sa fiancée et me pria de la lui lire, m'avouant qu'il ne savait ni lire ni écrire. « Si nous avons la chance de rester en Algérie ensemble, vous voudrez bien vous charger de ma correspondance, me dit-il. » Je répondis affirmativement et commençai la lecture de sa lettre. Sa fiancée, pauvre fille, trouvait déjà le temps long et le priait de revenir au plus vite. C'est ce qu'il ne fit pas comme on le verra dans la suite. Plus tard nous devînmes, Levé et moi, bons amis, et comme je le lui avais promis, je devins son secrétaire ; je fis mieux encore, dans nos moments de repos, je lui appris un peu à lire et à écrire. On verra à quoi cela lui servit. Mais n'anticipons pas. Lorsque nous arrivâmes en gare de Marseille, un sergent de planton jugeant avoir affaire à de jeunes soldats, nous demanda nos feuilles de route et nous conduisit au fort Saint-Nicolas. Nous nous trouvâmes là une trentaine d'engagés, allant tous en Afrique dans différents régiments. Le lendemain, vers dix heures du matin, on nous emmena au fort Saint-Jean, véritable prison, d'où nous ne pouvions sortir sans enfreindre la consigne qui était très sévère. Je fis alors dans ce fort qui servait à tous les passagers militaires, la rencontre d'un zouave allant en congé après sept années passées en Algérie. Il était alsacien et comme tel ne pouvait retourner dans son pays en uniforme. Voyant son embarras, je lui proposai de faire l'échange de nos effets ; il accepta avec empressement. En un tour de main, je fus métamorphosé en zouave, à un tel point que Levé ne me reconnut pas tout d'abord.

Vingt-quatre heures après, le vendredi à cinq heures du soir, nous nous embarquions sur l'*Immaculée Conception,* joli trois mâts de la Compagnie Valéry, faisant le trajet de Marseille à Philippeville. A sèpt heures, le commandant du bord donna l'ordre de lever les ancres, et le navire, après avoir oscillé, se mit en marche et prit la direction de la côte africaine. Il faisait un temps superbe ; la mer était calme et ne faisait éprouver au bâtiment aucun mouvement de roulis ni de tangage ; on apercevait au loin la ville éclairée de mille feux pareils à des étoiles, et s'éloignant à tire d'ailes. Tout-à-coup nous ne vîmes plus que le ciel et l'eau. J'éprouvai alors un grand serrement de cœur, en disant adieu à cette belle France que nous quittions pour longtemps, pour toujours peut-être ! La nuit se faisait de plus en plus noire, et ceux des passagers que la fatigue et le sommeil gagnaient, s'étendaient sur le pont pour tâcher d'y goûter un peu de repos. Je fus de ce nombre. Après avoir étendu une couverture qui sentait l'huile et le goudron, je me couchai dessus, me servant d'un gros paquet de cordes comme d'un oreiller. Je restai assez longtemps avant de m'endormir, n'étant pas habitué au bruit que faisait la machine, et souvent dérangé par les voyageurs qui, à mes côtés, étaient atteints du mal de mer. Debout, devant moi, se trouvait un gendarme fumant sa pipe, accoudé sur le parapet et regardant le mouvement des vagues : peut-être pensait-il à sa femme et à ses enfants dont il s'éloignait de plus en plus ? Je commençais à m'endormir quand je sentis un frôlement presque imperceptible ; j'ouvris les yeux et je vis un homme soulever un fardeau, et le jeter à la mer. Je ne prêtai aucune attention à ce fait ; je reposai la tête sur mon traversin, et je m'endormis jusqu'au matin si profondément qu'il fallut que les matelots me fissent lever pour procéder à la toilette du bateau. La toilette d'un navire consiste à jeter de l'eau sur le pont que des marins, les pantalons retroussés jusqu'à mi-jambes, frottent ensuite avec des brosses à manches. Tout-à-coup un mouvement se fit. On était à la recherche d'un passager que l'on ne retrouvait plus. C'était un des gendarmes préposés à la garde des prisonniers qui étaient à bord, à destination de Lambessa. Mais on eut beau chercher, fouiller, appeler ; on ne trouva pas le gendarme. Ce que j'avais entrevu la nuit, n'était pas autre chose qu'un prisonnier jetant un de ses gardiens à la mer, comme on l'a su plus tard. En pareil cas, il n'y a rien à faire et le navire n'en continua pas moins sa route, le capitaine se réservant d'informer du fait les autorités maritimes à notre arrivée.

A Philippeville. — Rencontres inattendues

Après trente-six heures de traversée heureuse, nous arrivâmes en vue de Philippeville, et, après avoir côtoyé le cap de Fer, le navire jeta l'ancre à quelque distance de la jetée. Il pouvait être en ce moment quatre heures du matin. Aussitôt, une nuée de petites barques nous entoura ; les unes servant au débarquement des passagers civils et les autres contenant quelques fruits, oranges, grenades, dattes, etc. que les pêcheurs nous offrirent moyennant une somme très minime.

Vint ensuite la visite de l'Intendant sans laquelle aucun passager ne peut quitter le bateau. Aussitôt après, nous prîmes place dans un chaland traîné par un remorqueur, et un quart d'heure plus tard, nous mettions le pied sur la terre ferme.

Je poussai un soupir de satisfaction ; car la mer, quoique calme, a le don de fatiguer ceux qui n'ont pas l'habitude de voyager sur elle.

Un sergent et quelques zouaves se trouvaient sur le port attendant les militaires nouveaux débarqués. Nous allons directement à eux et nous montrons au sergent nos feuilles de route. Celui-ci nous fait alors placer sur deux rangs et : « En avant, marche ! » nous voilà parti au bureau de la Place pour nous faire reconnaître. De là, nous montons à la caserne. « Monter » est bien le mot, car ce quartier se trouve à plus de trois cents mètres au-dessus du niveau de la mer.

Que le lecteur courageux nous suive et gravisse avec nous le chemin qui conduit au quartier, il verra à droite et à gauche, un fouillis inextricable d'arbustes et de plantes de toutes sortes ; à mi-côte il apercevra, à gauche, à travers le feuillage, l'hôpital militaire, à droite quelques maisons disséminées çà et là, parmi lesquelles se trouve une cantine civile portant comme enseigne « Au Sapeur » rendez-vous ordinaire des zouaves qui ne tiennent guère à descendre en ville ; à deux cents mètres en avant, la place des zouaves où l'on fait l'exercice, puis enfin le gymnase qui se trouve près de cette place très grande et bien sablée.

Mais nous voici arrivés en face de grands bâtiments carrés où sont accrochés aux fenêtres de larges pantalons rouges et des turbans blancs qui sèchent au soleil. Un factionnaire se promène le fusil sur l'épaule, devant une grande porte ouverte, tandis que d'autres zouaves sont assis sur un banc de bois et nous regardent. C'est la « Caserne de France ». Entrons. Après avoir traversé une voûte sous laquelle est le corps de garde, nous débouchons sur une assez grande cour où vont et viennent des soldats affairés ; de chaque côté sont les bâtiments destinés aux zouaves qui seuls, les occupent ; en face, se trouve un mur très bas, d'où l'on découvre un panorama splendide.

De ce point élevé, la vue est charmante. Aussi loin que les yeux peuvent porter, on aperçoit l'eau coupée seulement à droite par le cap Fer, à gauche par la baie de Stora et le phare du même nom ; en bas, au pied de la montage, on voit encore le port toujours encombré de vaisseaux marchands et pêcheurs venant de pays quelquefois très éloignés ; puis, un peu à droite, la gare du chemin de fer conduisant à Constantine.

Dans la cour de la caserne, le capitaine de la compagnie M. Carruel, nous fit mettre sur un rang, puis nous passa en revue. A chacun de nous il demandait son pays, puis, selon ce qui lui était répondu, il faisait ses réflexions. Il n'aimait pas beaucoup, je ne sais pourquoi, les Parisiens.

Les « Anciens » suivant l'habitude, étaient venus voir si, parmi les bleus, ils n'apercevraient pas une figure de connaissance, un compatriote leur apportant des nouvelles du pays. Après nous avoir exhortés à penser à la France, à faire toujours notre devoir de soldat, le capitaine partit. La revue était finie, nous étions libres. Je m'empressai alors d'aller vers un ancien dont la figure m'avait frappé particulièrement. Il avait toute sa barbe et, avec sa calotte inclinée sur l'oreille droite, il avait véritablement l'air martial. Je lui demandai s'il n'était pas de la Lorraine. Sur sa réponse affirmative, je lui demandai son nom. « Conte », me répondit-il. Je m'en étais douté : c'était un pays que j'avais perdu de vue depuis longtemps. Quelle fut notre joie de nous rencontrer si loin de Saint-Nicolas, notre pays à tous les deux ! Nous habitions dans la même rue et tout jeunes nous avions joué souvent ensemble.

Tout en causant, nous nous dirigeâmes vers la cantine tenue par Mme Dutailly, une brave et digne femme dont le nom est légendaire dans toutes les légions d'Afrique, surnommée la Mère des zouaves, titulaire de la croix d'honneur et de plusieurs médailles. Là, j'appris que Conte était employé à la surveillance des enfants de troupe et qu'il était heureux de son poste ; du reste il ne lui restait que peu de temps à faire pour avoir son congé. A un moment donné, il me quitta en me priant de l'attendre. Au bout de quelques minutes, il revint accompagné d'un camarade. Qu'on juge de ma nouvelle surprise, lorsque je reconnus un ami d'enfance ! Fontaine (tel était le nom du « pays » que m'avait amené Conte) était effectivement un de mes amis les plus intimes. A Saint-Nicolas, nous demeurions à côté l'un de l'autre, et nous avions passé notre jeunesse ensemble. Plus tard nous avions fait tous deux notre apprentissage dans la peinture. Son apprentissage fini, Fontaine était parti pour Paris où habitait sa sœur, je lui avais écrit plusieurs fois ; puis, momentanément toute relation avait cessé entre nous. Je ne le savais donc pas aux zouaves, et par conséquent, ma joie fut grande de le revoir. Nous étions donc réunis au-delà de la Méditerranée. Comme le hasard est drôle parfois !

Séparation. — Je pars à Djidjelli. — Changement de garnison

Le dépôt d'un régiment est une compagnie à part. C'est là que toutes les recrues sont habillées et reçoivent l'instruction militaire. Généralement trois mois après leur arrivée, les nouveaux soldats sont envoyés dans les compagnies de guerre dispersées dans toute la province.

Nos régiments d'Afrique diffèrent beaucoup de ceux de France, en ce sens, qu'ils sont composés surtout d'engagés volontaires et de soldats de divers régiments, qui, aimant la vie d'aventures, ont demandé à changer de corps ; on trouve par suite dans les zouaves « plus de hardiesse, plus de fortes têtes. »

La discipline y est très sévère, sans être excessive ; l'esprit de corps est parfait. En route, en expédition, il y a même aux zouaves, entre officiers et soldats, un esprit de camaraderie qui n'existe guère dans les autres régiments; l'on s'entr'aide mutuellement.

Les zouaves, on le sait, tiennent constamment garnison en Afrique, du reste leur tenue serait un peu légère, s'ils devaient séjourner en France, surtout par les grands froids. Les indigènes n'y sont pas admis, tandis qu'ils peuvent s'engager aux spahis ou aux tirailleurs (turcos).

Pour entrer dans les zouaves, ils doivent être naturalisés français. Un de mes officiers, le capitaine Mohamet-ben-Toumsi était un arabe qui s'était fait naturaliser.

Comme je l'ai dit plus haut, nous étions au dépôt de Philippeville où nous devions, Levé, Fontaine et moi, passer trois mois au moins ensemble, peut-être davantage, car nous pouvions être envoyés dans la même compagnie. En attendant nous nous quittions rarement, et comme nous étions dans la même chambrée, nous tombions presque toujours de service ensemble. Notre liaison fut malheureusement de courte durée, car nos classes finies, on nous envoya chacun d'un côté opposé. Levé fut envoyé à Tébessa, frontière de Tunisie, au 4e bataillon ; Fontaine alla rejoindre à la Calle, au 2e bataillon ; et moi je fus dirigé sur Djidjelli, petite ville de la Kabylie, au 3e bataillon, 1re compagnie.

Contrairement à ce qui se passe en France, notre régiment ne s'est jamais vu dans son entier. Je veux dire par là qu'il n'est pas rare en France de voir un régiment de ligne ou de cavalerie tenir garnison dans la même ville. En Afrique, il n'en est pas de même, les troupes sont dispersées : deux bataillons ici, un bataillon là et une compagnie plus loin. Aussi un soldat risque-t-il de faire son congé sans rencontrer un camarade de son régiment faisant partie d'un bataillon autre que le sien. C'est ce qui nous arriva ; nous fûmes tous les trois répartis sur trois points différents. Je devais être près de cinq ans sans revoir le premier de mes amis et environ un an sans revoir le deuxième.

Djidjelli, ma nouvelle garnison, est une petite ville, bâtie moitié en pierres, moitié en bois et située sur le bord de la mer. Son port est assez dangereux pendant les gros temps et les vaisseaux surpris par les tempêtes vont plutôt jeter l'ancre à Dellis ou à Collo, les deux ports les plus rapprochés et plus sûrs.

A Djidjelli, comme curiosité (si toutefois c'en est une,) je ne vois que la Citadelle, bâtie si près de la mer que les murs baignent dedans. Une caserne assez petite, un hôpital civil et militaire, la maison du commandant supérieur, et un palmier immensément haut ; voilà tout ce qui se trouve dans cette citadelle. Cent mètres plus loin, on aperçoit la ville qui n'est pas très gaie. Les rues en sont assez larges, les maisons peu élevées. Il y a quelques établissements publics, ainsi qu'une église en bois, ayant comme bourdon une petite cloche perchée sur un mûrier. Les environs par contre sont très remarquables ; l'on y voit d'abord sur un immense rocher surplombant la mer, un cimetière datant des Romains. Les fosses sont creusées dans le roc, et on aperçoit encore l'emplacement de la tête et des épaules de ceux qui ont eu pour dernières demeures ces tombeaux primitifs.

A quelques kilomètres de là, sur la route de Bougie, on rencontre une oasis. Dans cet endroit, et malgré les plus fortes chaleurs, le voyageurs trouve toujours de l'ombre pour s'abriter et de l'eau très fraîche pour se désaltérer. Je me rappelle que souvent le dimanche, nous partions quelques camarades et moi, faire la sieste dans cette oasis où nous étions sûrs de goûter pendant quelques heures un repos absolu.

Quelques mois après notre arrivée à Djidjelli, le général Abdallah vint passer l'inspection. C'est un homme à cheval sur la discipline, mais bon pour les officiers et pour les soldats. Il était accompagné de son fils qui était son officier d'ordonnance, et pendant les deux jours que dura l'inspection, il allait souvent à la chasse ; c'était son plus grand plaisir. Un jour il rapporta même à la compagnie un jeune lion. Des cuisiniers s'en emparèrent, et nous firent du rata avec la viande qui avait été mise à l'eau courante pour en chasser le goût sauvage. Nous trouvâmes le rata très bon, peut-être à cause de la rareté.

A quelques jours de là, l'ordre nous arriva de changer de garnison. Nous étions désignés pour aller à Constantine. Je fus très satisfait car je commençais à m'ennuyer dans cette ville toujours si triste.

Mais avant de continuer mon récit, je dois relater un phénomène fréquent en Algérie et dont je fus témoin. J'étais de faction un dimanche de deux à quatre heures, à une prison située à l'extrémité de la ville. Tout-à-coup le ciel s'obscurcit. Le soleil brillant d'un vif éclat auparavant ne paraissait plus que comme un disque éteint. Je prévins aussitôt mon chef de poste, un caporal qui avait douze ans de service et qui en avait bien vu d'autres. Celui-ci, sans s'effrayer, envoyait prévenir un officier, quand soudain la générale battit dans les rues, le tocsin sonna et en un clin d'œil tout le monde fut sur pied, faisant un charivari épouvantable.

Une nuée de sauterelles venait de s'abattre sur la ville, si épaisse qu'elle cachait le soleil ainsi que je viens de le dire ; elle dévasta d'abord le jardin militaire, où une demi-heure après il ne resta plus de feuilles aux arbres ni de légumes. Le moyen à employer pour chasser les sauterelles est de faire le plus de bruit possible. Notre charivari arriva malheureusement trop tard, ce fut seulement après avoir tout dévoré dans notre jardin que la nuée de sauterelles s'éleva enfin et prit la direction de la mer. Le lendemain et les jours suivants furent employés à enterrer les sauterelles qui après être tombées dans la mer avaient été rejetées sur le bord.

C'est par tombereaux qu'on les transporta. Ce fut peut-être quinze jours après, que nous nous mîmes en route pour le chef-lieu de la province. Il faisait une chaleur tropicale et la route très mauvaise nous fatiguait énormément. Nos sacs pesamment chargés nous coupaient les épaules, et comme nous étions obligés de traverser plusieurs rivières, le sable entrait dans nos souliers et nous faisait pousser des ampoules larges comme des pièces de vingt sous. Malgré cela, l'on chantait tout de même en marchant. Tel est le soldat français. — Quoique endurant les plus grandes misères, il chante et tâche ainsi d'oublier ses fatigues. Après cinq jours de cette marche pénible, nous arrivâmes au pied de la ville de Constantine, qui est, ainsi qu'on le sait, élevée comme un nid d'aigle. La musique du régiment nous attendait, et nous donna par ses airs enlevants, un fier coup de main pour monter la grande rue nationale conduisant à la Casbah où nous devions caserner. Dans cette Casbah, se trouvent d'immenses bâtiments : l'hôpital militaire, l'administration, l'arsenal, les casernes des zouaves, du génie, de l'artillerie, des tirailleurs. Tous ces monuments sont entourés de murs très épais. La Casbah est bâtie à pic sur le Rummel au ravin d'El-Kantara. Elle est à pic du côté de l'arsenal surtout. C'est là que se trouve le rocher des victimes. Quand les français prirent Constantine en 1837, les Arabes, dit-on, qui étaient dans la Casbah jetaient leurs femmes sur ce rocher qui se trouve à plus de trois cents pieds de profondeur. Une immense porte, constamment gardée par un poste de douze hommes et par un sergent, y donne accès.

Constantine. — Chasse à la panthère. — Attaque nocturne. — Surprise d'un poste

La ville de Constantine est entourée d'un ravin excessivement profond. Bien souvent, en le regardant, je me suis demandé comment les français s'y étaient pris pour entrer dans ce repaire qui paraît imprenable. On pénètre en ville par les trois portes ; Vallée, Djébia, El-Kantara. C'est par la première que les français entrèrent sous les ordres du maréchal Vallée, dont la statue est placée dans un square qui porte son nom près du marché arabe. La ville est divisée en trois quartiers : l'Européen, l'Arabe et le quartier Juif. Dans le premier, les rues sont larges et assez droites, les maisons sont très hautes et bien alignées. Beaucoup ont des terrasses sur le toit, où les soirs d'été, on respire un air frais. Une église, le théâtre, la préfecture et un grand marché couvert se trouvent dans le quartier Européen. Les deux autres quartiers n'offrent rien de bien intéressant. Les rues en sont étroites et tortueuses, et les maisons basses surplombent en maints endroits jusqu'à former une voûte. Quelques mosquées et la place du Caravansérail où a lieu tous les jours le marché, voilà tout ce qu'il y a de plus remarquable.

La plus belle mosquée est sans contredit, celle qui se trouve dans la rue Nationale. De notre caserne on entendait très bien la voie des muezzins, du haut des minarets, appelant les musulmans à la prière.

Les musulmans d'Afrique font régulièrement cinq prières par jour, et le vendredi, jour sacré de l'islam, ils se rendent à la mosquée pour entendre la lecture et l'explication du Koran. Aux heures fixées par la loi religieuse, le muezzin de chaque mosquée monte sur le minaret, et se tourne alternativement du nord à l'est, de l'est au sud et ainsi de suite, pour appeler les croyants à l'adoration du Très-Haut. Il forme de ses mains jointes une espèce de porte-voix, et psalmodie de toute la force de ses poumons une antienne musulmane qu'on n'entend jamais chanter, surtout la nuit, sans éprouver un sentiment d'ineffable mélancolie :

Haïa âla ela celâh (bis.)
Haïa âla el falah (bis.)
Allah oua el akbad
La illah ela Allah
Mohammed raçoul Allah (bis.)
Allah oua el akbad (bis.)

« Venez à la prière, venez au temple ! Dieu est grand, il n'y a personne au-dessus de lui, Mohammed est son prophète ! Dieu est grand ! »

La classe 1873 venait d'être renvoyée dans ses foyers, et elle avait fait un vide énorme dans les deux bataillons de Constantine. De ma compagnie seule quatre-vingt-cinq hommes étaient partis. Le service devint par conséquent très pénible, tous les employés durent prendre la garde. Malgré cela, nous ne couchions que deux nuits sur six dans un lit. Vint ensuite le moment des forêts. On sait que certaines contrées d'Algérie, telles que : Béni-Meleck, Saint-Charles, El-Arrouch, Philippeville, Aïn-Mokra, ont des forêts immenses, très riches en chênes liège. Ces forêts appartiennent toutes à l'Etat. Pendant les plus grandes chaleurs, les Arabes, par vengeance y mettent quelquefois le feu. Des détachements sont alors envoyés pour ces moments-là et ils ont mission en cas d'incendie de faire des tranchées afin d'arrêter le fléau. Ces détachements sont disséminés de dix à douze kilomètres de distance, et des indigènes payés sont requis pour veiller sur les points les plus élevés. Ils ont l'ordre de prévenir le poste le plus proche, s'ils aperçoivent la moindre lueur.

Comme les Arabes sont généralement paresseux et nonchalants, on n'a pas trop de confiance en eux. Aussi jours et nuits, des rondes de deux hommes sont-elles envoyées et vont se rendre compte si le service est bien fait. Le tour de la première compagnie étant venu, nous partîmes divisés en trois points différents. Je fis partie, comme étant de la première section, du détachement allant à Aïn-Mokra, jolie petite plaine entourée de montagnes, sans maisons, et où séjournaient quelques tribus nomades.

Nous dressâmes nos tentes près d'un clair ruisseau, dont l'eau constamment fraîche coulait avec un petit bruit qui faisait plaisir à entendre. Plus loin, et un peu sur la droite, se trouvait une agglomération d'arbres portant tous des fruits d'une saveur exquise. Après un de ces arbres, un figuier, poussait une branche de vigne grosse comme la jambe, et toute garnie de grappes de raisins dont la plus petite ne pesait pas moins d'un kilogramme. Toute notre petite troupe se composant d'une trentaine de zouaves, de deux spahis, pour le service des dépêches, et de trois hommes du train des équipages, pour les ravitaillements, se trouvait donc heureuse ; car en dehors des rondes, nous n'avions rien à faire. Dans cette plaine d'Aïn-Mokra, je passai une nuit que je n'oublierai jamais.

Un soir à 8 heures, nous partons, mon camarade Troussier et moi faire une ronde. Notre intention était de visiter tous les petits postes environnants. Nous ne comptions guère rentrer avant onze heures ou minuit. Le fusil en bandoulière. la cartouchière bien garnie et le sabre au côté, nous partons gaiement par un beau clair de lune qui nous fit éviter bien des obstacles. Nous avions marché pendant près de trois heures, et notre tournée tirait à sa fin. Nous allions avec plus de difficulté, car la lune venait de se cacher. Notre service terminé, nous étions entrés dans la forêt, croyant couper au plus court ; chaque pas, au contraire, nous éloignait du droit chemin. Nous étions égarés, et nous ne savions quel parti prendre. Je proposai à mon camarade d'attendre le jour ; il accepta et nous nous mîmes à la recherche de quelque gîte. Soudain un bruit de pas se fit entendre. Nous prêtons l'oreille et nous regardons autour de nous. A dix pas à peine, nous voyons deux yeux étincelants fixés sur nous. Ne sachant à quel ennemi nous avions affaire, nous épaulons notre arme et nous nous tenons prêts à faire feu. Nous n'étions pas très rassurés. Nous savions que ces forêts servaient d'asile à plusieurs catégories de bêtes fauves telles que lions, panthères, etc. Selon moi, ce devait être une panthère, j'en avais le pressentiment ; du reste, je savais la panthère plus connue dans ces parages que le lion. Nous étions donc là, attendant le moment propice pour faire feu, car nous ne voulions tirer qu'à coup sûr. Mais la bête jugea prudent de faire quelques pas en arrière, puis, d'un bond gigantesque, elle disparut dans un arbre touffu.

Une seconde après, elle en redescendit, et nous entendîmes très distinctement le bruit de ses formidables mâchoires, broyant les os de la proie qu'elle venait de saisir. C'était probablement un de ces chats sauvages qui pullulent dans ces bois. Nous avions eu heureusement le temps de nous embusquer derrière un gros arbre tombé précisément près de la place que nous occupions, comme si la Providence avait voulu nous offrir un abri. Mais pouvions-nous réellement nous croire longtemps en sûreté contre un si terrible ennemi ?

Depuis dix minutes déjà, qui nous parurent un siècle, nous nous regardions, comme on dit vulgairement, le blanc des yeux ; quand tout à coup la panthère fit demi-tour et disparut.

Sans être peureux, je peux dire que nous aimâmes mieux voir le bout de sa queue que celui de ses moustaches. Ne sachant de quel côté tourner nos pas, nous nous assîmes sur l'arbre, attendant le jour qui ne venait pas assez vite pour nous.

Malgré notre fatigue, nous ne nous sentions nulle envie de dormir ; du reste le froid était assez vif pour nous tenir éveillés, et parmi les hautes herbes que nous foulions, il pouvait y avoir quelque reptile dont la morsure est toujours dangereuse. Aussi, quand l'aube fut venue, notre premier soin fut-il de quitter la forêt. Nous nous trouvions alors sur un petit monticule, et de là nous apercevions les feux de notre campement qui se trouvait à un kilomètre sur notre gauche. Ce fut une fête pour nos camarades quand ils nous aperçurent, car ils nous croyaient perdus, tués ou dévorés. Ils firent cercle autour de nous, et force nous fut de raconter ce qui nous était arrivé. Quand notre récit fut terminé, l'officier de spahis (un Français) qui n'avait pas perdu un mot de ce que nous venions de dire, me fit signe de le suivre. Il me demanda si je saurais retrouver l'arbre derrière lequel nous nous étions retranchés. Sur ma réponse affirmative, il m'engagea à prendre des cartouches et mon fusil. Lui-même prit un fusil à deux coups et un large poignard, puis nous nous dirigeâmes vers la forêt, aux cris de « Bonne chasse » répétés par tout le camp. — Arrivé sur l'emplacement même où la bête avait fait son repas, le lieutenant fit plusieurs tours et m'envoya dans une direction opposée à celle qu'il prenait. Après plusieurs marches et contre-marches, j'arrivais au milieu d'une petite clairière et je cherchais à m'orienter, quand j'entendis non loin de moi deux coups de fusil tirés coup sur coup. Je me dirigeai en toute hâte de ce côté et un quart d'heure après, j'arrivai à peu de distance d'un fourré très épais. L'officier m'ayant appelé, guidé par le son de sa voix, je m'approchai, et je le vis debout, son arme à la main et le pied posé sur... une énorme panthère. Son premier coup de feu avait atteint la bête à l'épaule et le deuxième près de l'œil droit. L'officier était un tireur émérite et de sang-froid. Il avait en effet tiré la panthère à quinze mètres à peine.

Nous retournâmes alors près de nos hommes qui félicitèrent le lieutenant de son exploit. Une corvée de six zouaves fut envoyée pour chercher le corps de la bête que l'on dépouilla aussitôt. Sa peau fut envoyée par ordre du vainqueur au général Carteret, résidant à Constantine.

L'endroit où nous nous trouvions était dangereux, car nous n'avions pas que le lion et la panthère à redouter. Une bande de brigands dont le terrible Bou-Guerra était le chef, infestait toute la contrée, pillant et massacrant des tribus entières. Aussi étions-nous obligés d'avoir des sentinelles doubles pour la nuit. Nos fusils étaient constamment chargés et nous avions l'ordre de tirer sur quiconque approcherait du camp après l'heure de la retraite.

Un mois après, une section de tirailleurs vint nous

relever, et nous reprîmes la route de Constantine où on nous accorda quatre jours de repos. Fontaine, mon ami d'enfance, venait d'être nommé élève tambour à la section « hors rang » et nous attendait. Il y avait un an à peu près que je ne l'avais pas vu. Il me conduisit immédiatement à la 3e compagnie, près d'un autre camarade de Saint-Nicolas, Toussaint, qui venait d'être nommé caporal. Toussaint avait déjà plus de deux années de service ; mais c'était la première fois que je le rencontrais en Algérie. Son père, que j'avais vu avant de m'engager, m'avait chargé, si j'allais jamais en Afrique, de lui dire bien des choses ; je lui fis la commission, un peu tardivement il est vrai, car il avait déjà reçu bien des lettres de sa famille depuis mon entretien avec son père.

Je revis aussi avec plaisir un ancien camarade du dépôt, Hennequin, qui était clairon ; c'était un bon soldat et surtout un bon tireur. Aujourd'hui, Hennequin est employé au chemin de fer de l'Est, à la gare d'Emérainville, où il remplit le poste de facteur-aiguilleur. Par un hasard heureux, nous nous reconnûmes un jour de l'année dernière ; il y avait neuf ans que l'on ne s'était vu.

Quelques jours plus tard, le capitaine chargé du gymnase me réclama comme moniteur. De son côté, l'adjudant maître d'armes me demanda au rapport comme élève prévôt. Je fus désigné pour ce dernier emploi, et le 15 mars 1878, j'entrai à la salle d'armes.

Comme j'avais beaucoup de goût pour l'escrime, je me mis à travailler avec ardeur, et je profitai vite des bonnes leçons que me donna Christol, le premier prévôt. Le 11 janvier 1879, c'est-à-dire neuf mois après, au Concours régional, j'obtenais le brevet de prévôt avec le n° 1 sur trente-sept concurrents. Toute ma compagnie me fit fête, mon capitaine lui-même m'appela, et, après m'avoir chaudement complimenté, me donna une pièce de vingt francs comme témoignage de sa satisfaction.

A quelques jours de là, la première section (la mienne par conséquent), fut commandée de garde à Aïn-El-Bey (fontaine du bey). J'assistai dans cet endroit à une scène émouvante qui m'impressionna vivement. Aïn-El-Bey est une ferme-prison située à douze kilomètres de Constantine, sur la route de Batina, et qui appartient à l'Etat. D'immenses terres entourent cette ferme qui occupe presque continuellement cent cinquante à deux cents prisonniers arabes, employés soit au labour, soit à l'entretien des terres. Il y a de nombreux gardiens pour surveiller les prisonniers. Cinquante soldats, sous le commandement d'un lieutenant ou d'un sous-lieutenant, y sont de plus détachés pour aider aux gardiens.

Dans un des côtés extérieurs de cette ferme se trouve un très grand jardin fruitier et potager ; les fruits les plus rares poussent sur des arbres bien alignés et ombrageant de superbes allées. Notre lieutenant plaça, la nuit, des sentinelles en dehors des murs d'enceinte, pour empêcher l'évasion des prisonniers. Deux sentinelles aussi furent envoyées aux meules à fourrages qui se trouvaient à deux cents mètres plus loin, sur un petit plateau dominant toute la ferme. Malgré tous ces factionnaires, les Arabes du dehors trouvaient le moyen de venir voler des fruits et des légumes dans le jardin. Ce que voyant, notre officier donna l'ordre aux sentinelles de faire feu sur quiconque pénétrerait dans le jardin, sans crier le « qui vive ? » habituel. Ce fut un malheur pour lui.

Quelques jours plus tard, le sergent-major de la compagnie, devant partir en congé, vint faire ses adieux à notre lieutenant, qui avait la réputation d'être le meilleur enfant du régiment. Celui-ci le reçut fort bien. Ils dînèrent et prirent le café ensemble, puis descendirent au jardin fumer quelques cigarettes tout en se promenant.

Tout-à-coup, il s'arrêtèrent près d'un bananier. Le lieutenant y appuya le coude, et leur conversation continua. Elle ne dura pas longtemps. Il y avait à peine cinq minutes qu'ils étaient arrêtés près de l'arbre, qu'une détonation se fit entendre. Le sergent-major vit notre pauvre lieutenant chanceler, puis tomber la face contre terre. Il s'empressa de le relever, mais l'officier n'était plus qu'un cadavre. Une balle tirée par une des deux sentinelles des meules à fourrage l'avait atteint en pleine poitrine et l'avait tué sur le coup. L'on voit d'ici l'épouvante du sergent-major ! Il se mit à crier aussitôt, et heureusement pour lui, la deuxième sentinelle reconnut sa voix. Elle ne l'aurait point manqué, car elle était un des meilleurs tireurs du régiment.

« Vous avez tué M. Penaud ! » avait crié le chef. C'est à ces mots que le deuxième factionnaire avait abaissé son arme. Lorsqu'il eut reconnu son erreur, le pauvre soldat, l'assassin involontaire, tomba anéanti ; il n'avait plus conscience de ce qui se disait autour de lui ; il était comme fou. Le lendemain, on le conduisit à Constantine où il fut gardé à vue, car il cherchait tous les moyens possibles pour se détruire.

Ce qui avait causé la mort du lieutenant, c'est qu'il portait une vareuse en molleton blanc ou gris. Ce vêtement l'avait fait prendre pour un Arabe, les Arabes ayant un burnous à peu près de la même couleur. En apprenant cette mort, tout le monde fut dans la consternation ; on prévint immédiatement le colonel et le frère du pauvre officier, qui était capitaine adjudant-major au même régiment.

Dépeindre la douleur de ce dernier serait impossible, quand il vit son pauvre frère étendu sur son lit, la face livide et la poitrine tout ensanglantée ! Sa douleur faisait mal à voir. Le surlendemain eurent lieu les funérailles. Tous les officiers, sans distinction de corps, tinrent à honneur d'accompagner jusqu'à sa dernière demeure leur camarade dont l'avenir avait été brisé par une balle française. Il fut enterré à la place même où il était tombé, et sur le superbe mausolée qu'on lui éleva, on mit l'épitaphe suivante :

CI-GIT

LE LIEUTENANT PENAUD,

DU 3e RÉGIMENT DE ZOUAVES

TUÉ LE 6 MARS 1878

VICTIME DE SA PROPRE CONSIGNE

Trois ou quatre jours après ce drame, nous revînmes à Constantine ; le zouave qui avait tiré ce malheureux coup de fusil fut traduit en conseil de guerre ; mais il fut acquitté et passa même de première classe pour avoir exécuté la consigne qui lui avait été donnée. Quant à moi, je repris mon emploi à la salle d'armes, où je me trouvais bien, mais je ne devais pas y rester longtemps.

Ce fut en revenant de ce détachement que je vis pour la première fois une fantaziah arabe.

La fantaziah est une fête militaire en grande vogue parmi les Arabes, et qu'ils ne manquent jamais de célébrer à l'occasion d'un mariage ou d'une victoire. Les plus habiles cavaliers s'assemblent et se divisent en deux camps pour exécuter au grand galop une espèce de jeu de barres aussi gracieux qu'original. Imitant les charges de guerre, les deux partis fondent l'un sur l'autre, debout sur les étriers et le fusil en joue ; arrivés presque à bout portant, ils s'ajustent et font feu ; mais par un rapide mouvement de main, le point de mire a dévié une seconde avant que le doigt ait touché la détente, et il n'y a de blessé que les oreilles ; alors ils jettent leur arme en l'air, la ressaisissent et la font pirouetter avec une inconcevable dextérité, et fournissent à toute bride le reste de la carrière, au bruit des détonations qui se succèdent et des applaudissements de la foule.

Souvent les fantaziahs ont pour objet de rendre hommage aux chefs du pays ou à des visiteurs distingués. Le personnage qu'on veut ainsi honorer se place au milieu et sur un des côtés de la carrière. Les cavaliers partent comme l'éclair des deux extrémités, et, s'arrêtant court devant lui, déchargent leurs armes entre les jambes de leurs chevaux. Malgré leur habitude de tirer toujours à balle, les accidents sont assez rares et ceux qui surviennent ne sauraient diminuer l'affluence des spectateurs.

J'étais émerveillé de voir chez ce peuple à demi-sauvage, autant d'adresse et de bravoure, mais si les Arabes possèdent des qualités, en revanche ils ne manquent pas de vices, dont la cruauté, la cupidité et le vol ne sont pas les moindres.

Attaquer les diligences, détrousser les voyageurs, sont pour eux des passe-temps agréables, aussi ne s'en font-ils pas faute quand l'occasion se présente ; il ne fait donc pas bon se promener seul, ou seulement avec un camarade, le soir loin des habitations, témoin l'aventure suivante qui m'est arrivée aux environs de Contantine.

Un de mes amis, civil alors, appelé Quentin, dessinateur très-habile, devait se marier avec une jeune fille dont le père retiré des affaires depuis quelques années, possédait sur la route de Sétif, non loin du Camp des Oliviers (terrain de manœuvres) une charmante propriété qui n'avait qu'un défaut, celui d'être un peu trop éloignée de la ville.

Or, un soir vers neuf heures, Quentin me fait appeler par un homme de garde de la Casbah et m'invite à l'accompagner chez son futur beau-père, sérieusement indisposé,

Comme je n'avais rien à lui refuser et que j'avais la permission de onze heures permanente, j'allai me mettre en tenue et je partis avec lui.

Il faisait une de ces nuits noires comme on en voit souvent en Afrique ; à peine distinguions-nous les arbres qui bordaient la route et les tas de pierres contre lesquels nous allions quelquefois nous buter.

Nous marchions ainsi depuis une demi-heure sans presque ouvrir la bouche, la préoccupation dans laquelle se trouvait mon ami le faisait réfléchir et je respectais son silence.

Soudain, une forme blanche se dresse devant nous qui, d'une voix gutturale, nous dit : « Kadesch saar ! (Quelle heure est-il ?) » C'était un Arabe qui tenait à savoir si nous avions une moutre, bijou que convoitent généralement tous les indigènes du pays. Il faut avouer que c'était là une bien drôle de façon d'accoster les gens ; aussi je me chargeai de lui répondre en faisant résonner de la main le fourreau de ma baïonnette.

Il comprit sans doute, car sans plus d'explication, il nous tourna les talons et s'esquiva à toutes jambes ; cent pas plus loin, nous fûmes assaillis par une grêle de pierres qui tombaient dru autour de nous ; une d'elles vint même me frapper à l'épaule.

Plusieurs individus devaient se tenir cachés, guettant le moment propice pour nous dévaliser, voire même pour nous assassiner si besoin était

En attendant, pour éviter cette avalanche d'un nouveau genre, nous prîmes le parti de nous abriter derrière un tas de décombres provenant d'un mur en démolition.

A peine y étions-nous arrivés que Quentin se sentit enlacé par deux bras nerveux, lui interdisant par ce moyen tous mouvements ; le revolver qu'il tenait en main lui devenait de la sorte inutile, aussi je m'en saisis pour faire face à deux grands gaillards qui s'étaient précipités sur moi. Je tirai deux balles, dont une au moins atteignit un de ces derniers, car il jeta un cri et s'enfuit, suivi de son camarade ; quant au premier de nos agresseurs, il était parvenu à frapper mon ami avec un poignard ; je ne lui laissai pas le temps de recommencer, car d'un vigoureux coup de sabre, je l'étendis à nos pieds.

Le voyant sans mouvement, je crus l'avoir tué ; heureusement pour lui, il n'était qu'assommé, son turban avait amorti le coup ; il devait une fière chandelle à Mahomet !

La blessure de Quentin était insignifiante, grâce à un portefeuille contenant quelques photographies qu'il avait dans la poche de son pardessus.

Cette aventure s'était passée en moins de deux minutes; et pour que pareille surprise ne se renouvelât pas, nous allions prendre le pas de course, quand le roulement d'une voiture dont nous apercevions les deux lanternes nous fit arrêter.

Elle fut bientôt assez près pour nous permettre de distinguer, à la faveur des bougies, la figure du voyageur : c'était un docteur qui se rendait auprès de notre malade et qui nous invita à monter à ses côtés.

Dix minutes après, nous arrivions à destination, trop tard, hélas! La mort, cette terrible faucheuse nous avait devancés et jetait le deuil dans cette famille qui se préparait à célébrer bientôt la noce d'une fille unique. Comme le destin est cruel parfois!

Cet épisode, que je viens de raconter, tout dramatique qu'il ait été pour moi, m'a cependant moins impressionné que le suivant, auquel je puis donner le titre :

Un Massacre de Juifs a Constantine

Que le lecteur n'aille pas croire que je mêle à mon récit des histoires fantaisistes et imaginaires. Je m'en garderais bien, car je pourrais d'ailleurs être facilement démenti par mes camarades qui me liront et qui ont, comme moi, tous les événements de leur vie d'Afrique encore présents à la mémoire.

On se rappelle qu'il y a à Constantine trois portes, dont l'une a nom : El-Kantara. Chacune d'elles est gardée par un poste plus ou moins fort, selon l'importance.

Cette dernière, vu la tranquillité du quartier dans lequel elle se trouve, avait un poste composé de quatre hommes seulement dont un caporal.

Le 28 Mai 1878, le chef de ce petit poste de zouaves, était le caporal Lapierre, l'un des trois hommes montait la garde, tandis que les autres, étendus sur leur lit de camp, faisaient la sieste. Une troupe assez nombreuse d'Israëlites venait du côté de la gare et s'approchait en chantant et en dansant. On devinait à les voir que beaucoup de ces hommes avaient absorbé pas mal de petits verres d'anisette, leur liqueur favorite.

Arrivés devant le factionnaire, ils se jetèrent plusieurs sur lui et le désarmèrent en même temps que d'autres faisaient irruption dans le corps-de-garde et s'emparaient des trois fusils qui étaient au râtelier d'armes, avant que leurs propriétaires ne fussent revenus de leur surprise.

Ces bandits s'étaient donné le mot, car aussitôt ils détalèrent dans leur quartier respectif, en emportant les armes qu'ils avaient prises et qui furent retrouvées plus tard à moitié brisées.

Le caporal s'empressa d'aller prévenir le bureau de la place de ce qui venait de lui arriver, mais ce ne fut pas sans appréhension, comme il me l'a dit après, car il croyait avoir une forte punition ; mais le lieutenant-colonel, M. Cadet, alors commandant de place, comprit très bien que quatre hommes n'auraient pu lutter avec avantage contre cinquante ou soixante ; il agit donc d'un autre côté.

Le bruit de cette surprise s'était répandu rapidement dans les deux bataillons de zouaves, et, dans chaque compagnie, on projeta pour le soir une sortie en masse, afin de faire payer cher aux Juifs leur témérité.

A cinq heures et demie, il ne restait à la Casbah que les hommes de service, les punis et les malades, tous les autres étaient dehors et bientôt commençaient les représailles.

Les tirailleurs, ennemis acharnés des Juifs faisaient de leur côté un carnage épouvantable ; j'ai vu dans une sorte de cul-de-sac, plusieurs cadavres joncher le sol, d'autres, blessés très-grièvement, soutenir de leurs mains les entrailles qui leur sortaient du ventre, mais les turcos ne s'arrêtaient pas pour si peu, ils continuaient le massacre pour avoir le plaisir de tuer. Les zouaves, il faut bien le dire, frappaient aussi, mais s'arrêtaient bientôt, trouvant que le sang versé était en assez grand quantité pour laver l'honneur du régiment compromis ce jour-là d'une si déplorable façon.

Pendant ce temps, le quartier européen offrait un aspect des plus tristes : les magasins, les portes et les volets, tout était fermé, un silence de mort planait au-dessus des rues, il n'était troublé seulement que par la marche des patrouilles et la voix des officiers qui ordonnaient aux soldats qu'ils rencontraient de rentrer au quartier.

Enfin à minuit tout le monde était présent, mais tous les cerveaux étaient échauffés, l'on ne pensait pas à dormir ; aussi ne trouva-t-on rien de mieux que d'inviter la musique du régiment à jouer la *Marseillaise*.

Aussitôt, zouaves, tirailleurs, artilleurs, génie etc..., commencèrent une ronde infernale. On avait pris comme centre le monument du tombeau des braves, qui se trouve dans la grande cour de la Casbah.

Jusqu'à deux heures les cris et les chants se succédèrent sans interruption et auraient pu continuer encore longtemps si le lieutenant-colonel n'était venu nous imposer silence. Comme il était très estimé, on l'écouta et on remonta dans les chambres pour dormir pendant les quelques heures qui nous restaient.

Les deux bataillons qui avaient pris part à cette manifestation firent par punition des marches forcées pendant un mois et bon nombre de malades allèrent à l'hopital brisés, anéantis par ces marches qui se renouvelaient trop souvent.

Expédition en Kabylie. — Un brave colon. — Déception. — En poste avancé.

Il y avait à peine un mois que nous étions rentrés de détachement, qu'il nous fallut repartir, au loin, cette fois, en Kabylie. Les Chaouïas se révoltaient et l'on nous envoyait les combattre. Presque toute la garnison de Constantine était sur pied. On nous fit toucher pour quatre jours de vivres, verser toute la literie, et trois heures après l'ordre arrivé, nous nous mîmes en route pour aller à la chasse à l'homme.

Les premières étapes furent très dures. Nous n'avions pas marché depuis quelque temps, aussi beaucoup d'entre nous furent-ils bientôt blessés aux pieds. Pour ma part, j'eus dès la deuxième étape, sept ampoules forcées ; je souffrais horriblement.

Malgré toutes nos souffrances, nous avancions quand même ; on doublait parfois les étapes, aussi, quelques jours après notre départ, avions-nous dépassé Batna. Nous nous trouvions alors en pays ennemi, et nous n'attendions plus que le moment de faire le coup de feu. Ce moment si désiré ne se fit pas attendre, car le lendemain, à huit heures du matin, nous fûmes attaqués par une colonne forte de mille hommes à peu près. Voici dans quelles conditions : Depuis quatre heures du matin nous étions en marche et nous gravissions une montagne très escarpée. Arrivés aux trois quarts de la montée, nous reçûmes une décharge qui ne nous fit pas de mal pour ainsi dire, car quelques hommes seulement furent touchés. Aussitôt nos clairons et ceux du 17e bataillon de chasseurs à pied ayant sonné la charge, nous parvînmes en un clin d'œil sur la crête de la montagne. Nous courons la baïonnette en avant, poursuivant nos ennemis qui avaient jugé prudent de prendre la fuite. Enfin, la retraite sonnée, il nous fallut rebrousser chemin. Nous n'en étions pas fâchés, car nous étions rompus. Quelques hommes manquèrent à l'appel. Quant aux Chaouïas, ils avaient perdu une centaine d'hommes. Nous enterrâmes les nôtres, puis nous fîmes encore quelques kilomètres. Arrivés dans une plaine, le colonel nous donna l'ordre de monter nos tentes, puis nous allâmes goûter un repos que nous avions bien gagné. J'avais reçu ce jour-là le baptême du feu ; c'était au commencement du mois de mai.

La nuit se passa sans aucun incident, et le matin, dès la la pointe du jour, nous repartîmes, sac au dos, à la recherche de nos ennemis. Nous eûmes alors à traverser des contrées inconnues ; aussi nous fallut-il ouvrir l'œil pour éviter toute surprise. Il est vrai que nous avions des flanqueurs pour nous avertir, mais les naturels du pays, qui ont plus d'un tour dans leur sac, ne s'en inquiètent guère. Il faisait ce jour-là une chaleur épouvantable, et, pour comble de malheur, nous n'avions plus d'eau dans nos bidons et pas la moindre source en perspective. Officiers et soldats souffraient cruellement de la soif, ayant l'écume aux lèvres, de la poussière dans les yeux, dans le nez et dans les oreilles. Joignez à cela que la sueur nous coulait sur la figure, se mélangeant avec la poussière, et vous aurez une idée bien petite encore de la torture que nous éprouvions. Nous marchions cependant toujours, beaucoup tombaient épuisés par la soif et par la fatigue ; quelques-uns même, quand on allait pour les relever, étaient morts. Je vivrais deux siècles que je n'oublierais jamais cette journée ! Ce jour terrible s'il en fut, je tombai inanimé dans un fossé au-dessus duquel était une espèce de pont. Nous nous trouvions une dizaine étendus là, presque sans vie, Je saignais du nez et les bretelles de mon sac m'étouffaient. Je subissais toutes ces souffrances sans pouvoir faire un mouvement. Heureusement pour moi, une compagnie du génie se trouvait à l'arrière-garde. Un soldat de cette arme qui avait été mon camarade à Constantine me reconnut : il s'appelait Denizot. Aussitôt il se précipita pour me porter secours. A l'aide de son couteau, il me desserra les dents, puis me versa dans la bouche quelques gouttes d'absinthe, seule boisson qu'il possédât. Une réaction se fit presqu'aussitôt en moi. J'eus alors conscience de ma situation : je regardai autour de moi et j'aperçus couchés à mes côtés quelques camarades demandant un peu d'eau pour se rafraîchir la bouche. Pendant ce temps-là, la colonne était arrivée à l'étape ; un médecin fut détaché avec quelques hommes pour venir soigner les malades restés en route ; à minuit, tout le monde était rentré.

Nous étions campés près d'une ferme appartenant à un ancien chasseur d'Afrique qui s'était mis colon après avoir passé quinze ans sous les drapeaux. C'était un homme charmant qui nous donna de l'eau et du bois plus qu'il ne nous en fallait pour les deux jours que nous devions séjourner. Nous ne pensâmes bientôt plus aux misères de la veille.

Vers le milieu de la deuxième nuit, les Arabes vinrent pour nous surprendre, mais nous étions biens gardés, des sentinelles étaient placées tout autour du camp ; du reste, nous les attendions de pied ferme, étant prévenus par des espions. Nous les reçûmes à coups de fusil, et on les poursuivit même pendant quelques kilomètres, en leur poussant la baïonnette dans les reins ; ils perdirent plus de cent cinquante hommes ; des nôtres, trois ou quatre soldats seulement furent blessés. Deux de mes amis tombèrent à mes côtés : l'un, le sergent Bellecroix, reçut une balle qui lui entama le cou ; l'autre, le caporal Lagardère, eut la mâchoire inférieure brisée ; ils eurent tous deux la médaille militaire.

Quelques heures après cette escarmouche, nous nous mîmes de nouveau en marche après avoir remercié chaleureusement notre colon. Cette fois nous avions l'estomac bien garni, et nos bidons étaient remplis d'eau fraîche ;

aussi la gaieté régnait-elle sur toute la ligne. On chantait, on se proposait de faire un bon café une fois arrivés à la grande halte. Nous venions de goûter un peu de bien-être et nous croyions que cela allait durer, mais... les jours se suivent et ne se ressemblent pas. Le milieu du jour nous trouva toujours marchant, mais moins gaiement que le matin, car la soif, toujours la soif, se faisait sentir et nos bidons étaient déjà vides depuis longtemps. Nous approchions du grand Sahara, un vent brûlant mélangé de sable encore plus brûlant nous coupait la respiration. Autour de nous, il n'y avait que sécheresse et désolation, l'on ne voyait pas un brin d'herbe verte; tout était jauni, roussi par le soleil. Ce jour-là, il y avait au moins 45 degrés de chaleur à l'ombre; je laisse à penser si avec une pareille température nous étions à notre aise! Les effets d'habillement que contenaient nos havre-sacs étaient mouillés par la sueur, ni plus ni moins que si on les eût trempés dans l'eau. Tout à coup la tête de colonne se mit à crier : « Voilà de l'eau ! » Ce bruit se répandit comme une traînée de poudre et chacun chercha à voir si ce cri était fondé. Effectivement, on apercevait au loin deux grandes taches blanches ressemblant à deux lacs. Il nous tardait d'y arriver, car nous pensions que deux kilomètres à peine nous en séparaient. Mais était-ce un mirage ou véritablement deux lacs que nous voyions... Nous marchions depuis longtemps déjà et il nous semblait que nous n'approchions pas — c'était pour nous le supplice de Tantale. Enfin, après avoir contourné une énorme montagne, nous arrivâmes à cent mètres à peine des deux lacs.

Former les faisceaux, mettre nos sacs à terre, prendre nos bidons et courir pour étancher notre soif, tout cela se fit en moins de temps que je n'en mets pour l'écrire. Cruelle déception ! Ces deux lacs étaient... deux lacs de sel ! On voit d'ici notre mine ! Nous retournâmes tout penauds à nos sacs pour nous venger sur le biscuit qui nous restait et que nous dévorâmes à belles dents. Sur ces entrefaites, la Providence sous la forme d'un cantinier qui faisait partie de l'arrière-garde, vint à notre aide. Ce cantinier venait d'arriver avec sa petite voiture, contenant deux tonneaux d'eau, de l'absinthe, du vin, etc Il nous fit payer le litre d'eau 0,25 centimes. En un clin d'œil, sa voiture fut vide, et il s'en retourna à son bataillon, le 17e chasseurs à pied, la poche bien garnie. Mais le général ayant su l'affaire, lui octroya trente jours de prison pour avoir vendu ce qui ne doit pas s'acheter. Après avoir passé la nuit en cet endroit, nous continuâmes notre route. Encore trois ou quatre étapes, nous disions-nous, et nous arrivons au grand désert. Ira-t-on plus loin, que ferons-nous là ? Nous ne nous en occupions guère. Il fallait aller de l'avant, nous y allions. Advienne que pourra !

Relativement, les quelques jours que nous mîmes pour aborder le Sahara furent pour nous peu pénibles. Nous avions la chance de traverser quelques tribus soumises qui poussèrent même la complaisance jusqu'à nous apporter de l'eau, voire même du lait.

Il est vrai qu'il ne se passait guère de jours sans qu'il n'y eut quelques escarmouches. Comme elles furent peu meurtrières, je n'en parlerai point. Je relaterai seulement deux faits qui méritent d'être signalés.

C'était deux jours après la déception que nous venions d'éprouver ; nous nous trouvions dans une plaine assez grande, déployés en tirailleurs, car nous venions d'être attaqués et nous courions au pas gymnastique à la poursuite de nos ennemis qui se cachaient dans les bois environnants. Après une heure de course, nous arrivons comme un ouragan au milieu d'une tribu composée de cent tentes ou gourbis qui étaient alors cernée par les nôtres. Nous procédons immédiatement à une visite domiciliaire et tout ce qui se trouvait là : bêtes et gens sont faits prisonniers. Pauvre prise ! Car les hommes valides et les jeunes gens, tous ceux enfin qui pouvaient combattre avaient eu le soin de déguerpir. Il ne restait donc plus que quelques vieillards des deux sexes et du bétail. Cent mètres plus loin tout-à-coup, nous apercevons quelques têtes qui dépassaient le sol. Croyant avoir affaire à des Arabes, nous étions sur le point de tirer, quand heureusement quelque chose de rouge (on eût dit des képis) nous en empêcha....

Nous approchons et... horreur ! ! nous voyons quatre têtes de soldats français qui ouvraient la bouche pour parler, mais ne laissaient échapper que des sons inarticulés. C'étaient quatre soldats de la légion étrangère qui avaient été faits prisonniers la veille probablement et que les Arabes avaient enterrés tout vivants jusqu'au cou, après leur avoir crevé les yeux, et après leur avoir coupé la langue en partie. Nous nous empressâmes de les déterrer, mais les malheureux étaient presque morts. Les Arabes, pour comble de cruauté, leur avaient ôté leurs képis. De cette façon le soleil leur dardaient sur la tête. Horrible, horrible ! ! !

Le soir du même jour, je fus désigné comme chef de poste avancé. Je choisis six hommes. Simon, de Lunéville, Lambry, tailleur de la compagnie, et quatre autres zouaves. J'avais pris les plus braves, d'après la recommandation de mon capitaine. Le poste était périlleux, et il me fallait de vieux chacals, au courant de toutes les ruses usitées, pour combattre nos sauvages ennemis.

A la tombée de la nuit, nous partons à l'endroit désigné, un petit mamelon situé à un demi kilomètre de la troupe. De là on découvrait une assez grande étendue de terrain. C'était un endroit propice pour un poste avancé. Mon premier soin fut de reconnaître le terrain, ensuite de placer mes sentinelles. Enfin, après avoir pris toutes mes dispositions je fis une ronde. Mais n'ayant rien vu de suspect, je revins me coucher au bivouac.

De larges gouttes de pluies commençaient à tomber ; comme nous étions sans feu, nous grelottions sous nos manteaux. En Afrique les nuits sont très fraîches, aussi oblige-t-on la troupe à porter toujours le pantalon de drap, qui a non seulement l'avantage de garantir du froid, mais aussi celui d'être moins visible que le pantalon de toile blanche.

Vers deux heures du matin, je revenais de relever les deux sentinelles, et il y avait à peine un quart d'heure que j'étais rentré lorque j'entendis comme un gémissement. Je crus tout d'abord que c'était le bruit du vent que je venais d'entendre ; néanmoins je voulus me renseigner. A cet effet, je m'approchai en rampant de l'endroit où était venu le bruit. Il faisait très noir ; et la pluie tombait à torrents. Au bout de trente pas à peine, mes mains ayant rencontré quelque chose de chaud, je les retirai instinctivement, puis j'allumai aussitôt une allumette que je cachai dans ma calotte. Horreur ! j'avais là à mes pieds, baignant dans son sang, une des sentinelles qui venaient de prendre la faction.

Comme j'étais seul en ce moment, j'appelai. Simon

accourut et à nous deux nous transportâmes notre ami au bivouac. C'était Lambry qui venait d'être frappé lâchement de deux coups de poignard, l'un à la nuque et l'autre au côté droit. Ce pauvre malheureux respirait encore, mais une écume sanglante l'empêchait de parler. Ses yeux s'arrêtaient sur nous comme pour nous demander quelque chose, mais à ce langage nous ne pouvions répondre.

Après lui avoir lavé la figure, je le laissai aux mains des quatre zouaves qui restaient au poste, puis, avec mon camarade Simon, nous nous mîmes à la recherche du ou des meurtriers.

Nous voulions venger notre ami. Mais en vain nous visitâmes tous les bouquets d'arbres qui se trouvaient à une certaine distance, nous ne trouvâmes aucune trace d'Arabe. Nous étions sur le point de poursuivre nos recherches jusque dans la plaine où il y avait aussi des broussailles, lorsque Simon découvrit la cachette où s'était réfugié l'assassin. C'était un trou assez profond, entre deux énormes pierres et caché par un buisson. Quand il se vit découvert, l'Arabe sortit de sa cachette. C'était un grand gaillard, taillé en hercule ; il avait encore à la main l'arme qui venait de lui servir pour tuer un des nôtres. Il se jeta à nos pieds, demandant pardon et priant Mahomet d'intercéder pour lui. Il nous disait dans son langage que je comprenais : « Bono Roumis, macach toukar. — Bons Français, ne me tuez pas ». Sa prière ne fut pas exaucée, car il tomba percé de deux coups de baïonnette. Notre ami était vengé !

Nous courûmes alors pour annoncer à Lambry la mort de son assassin ; mais il était trop tard, hélas ! il venait d'expirer ! Quelques instants après, l'assemblée sonnée, nous nous empressâmes de rentrer au grand camp, où je fis mon rapport au capitaine de ma compagnie. Une heure plus tard, nous reprenions notre marche. C'était notre dernière étape pour arriver au Désert. Nous avions ce jour-là quarante-cinq kilomètres à faire. C'était dur à tirer.

Mort de soif. — Rentrée à Constantine. — Mon départ pour l'Ecole de Joinville

Après avoir longé une grande forêt, nous suivîmes un sentier tracé dans la montagne et aux sonneries du pas de charge, nous nous mîmes à gravir les pentes les plus escarpées, non sans laisser de temps en temps un morceau de notre pantalon accroché aux buissons épineux. Après cinq heures de marche, les clairons sonnent la grande halte, et les faisceaux sont formés, nous avions déjà décroché les marmites de campement et l'on se préparait à faire le café ; l'eau bouillait, le café était dedans et il n'y avait plus qu'à le passer, suivant l'habitude d'Afrique, avec une brosse à habits, filtre d'un genre exceptionnel, lorsque tout-à-coup le refrain du régiment se fit entendre. Il nous fallait refaire les sacs, renverser les marmites, cruelle déception ! au moment même où nous étions sur le point de boire le café qu'elles contenaient ! Croyant à une fausse alerte et comptant bien ne pas aller très loin sans nous arrêter de nouveau, nous eûmes d'abord la constance de porter à deux, au moyen d'un bâton, la marmite de l'escouade. Après 4 ou 5 kilomètres, force nous fut d'abandonner notre marmite, car aux dires de nos officiers, nous devions marcher encore pendant plus de deux heures. Nous avions eu grand tort de croire nos chefs, car à peine venions-nous de renverser notre café que sur un ordre du commandant de la colonne, nous fîmes halte. Nous étions arrêtés en face d'un puits appelé le puits du Négro, à cause de la proximité d'une petite cabane appartenant à un nègre. Cette maison (si toutefois elle méritait ce nom) était la seule que nous voyions depuis la veille. Aussi étions-nous contents : une maison, si petite qu'elle soit, ayant toujours le don d'égayer les voyageurs dans une contrée où l'on fait quelquefois soixante kilomètres et plus sans en apercevoir. Mais ce qui nous rendait surtout joyeux, c'était ce puits qui se trouvait là fort à propos pour nous. Avec quelle précipitation fut-il pris d'assaut ! Zouaves, tirailleurs, chasseurs à pied, soldats du train des équipages, nous étions tous au bord, attendant notre tour qui ne venait pas assez vite.

Plus de discipline alors ! le lieutenant Pardes, de ma compagnie, voulant tirer de l'eau pour ses hommes eut son képi jeté dans le puits par un tirailleur qui voulait l'en empêcher. Au bout de quelques instants le puits était à sec J'avais pu, je ne sais comment, voler le bidon d'un soldat du train des équipages, malheureusement il était presque vide. Je l'approchais déjà de mes lèvres, me préparant à savourer avec délices son bien heureux contenu, quand s'approcha ou plutôt se traîna près de moi mon camarade de lit me demandant à boire. Voyant dans quel état lamentable il se trouvait, je m'empressai d'accéder à sa demande. Mais le peu d'eau qu'il but ne fit qu'augmenter sa soif. Quelques minutes après il râlait. Je le vois encore ce pauvre Mesure, l'écume aux lèvres, le teint violacé, les yeux lui sortant des orbites ! C'était un spectacle affreux ! J'étais penché sur lui, lui soutenant la tête de mon bras, le regardant mourir sans pouvoir lui procurer de quoi prolonger sa vie ! En vain j'offrais de l'argent aux camarades pour avoir un peu d'eau, personne n'en avait plus ! Mon pauvre ami était condamné à mourir de soif, coïncidence bizarre, près d'un puits !

Enfin la colonne se mit en marche, je la laissai partir et je n'abandonnai mon ami que lorsqu'il eut rendu le dernier soupir. Je pris alors mes armes et je m'en allai rejoindre le campement distant de dix kilomètres environ.

Mon premier devoir, en y arrivant fut d'informer le médecin-major de la mort de l'infortuné Mesure. Il me fit donner un mulet, et accompagné de Simon, j'allai chercher le corps du pauvre zouave mort pour la patrie. Il pouvait être onze heures du soir quand nous fûmes de retour. Aussitôt toute la compagnie fut réunie pour rendre les derniers devoirs à notre frère d'armes qui, enveloppé dans mon turban fut confié à la terre. De grosses pierres furent placées sur sa tombe pour qu'on pût la reconnaître.

Le lendemain nous arrivâmes au grand désert, après quelques escarmouches et quelques razzias, mais à peine y étions-nous parvenus que, faute de puits artésiens, ou simplement contre-ordre, nous fîmes demi-tour reprenant pour revenir le même chemin que nous avions suivi déjà. Nos souffrances ne furent pas aussi vives qu'à l'aller. Moins de marches forcées, plus de repos, la joie de rentrer en caserne, tout contribua à les amoindrir. Quand, après cent vingt jours de marches nous arrivâmes à Constantine, nous étions relativement en bon état.

Notre entrée dans cette ville fut triomphale. Nous fûmes reçus par les habitants avec un accueil des plus cordiaux. Sur notre passage, nous entendions partout des cris de joie et des bouquets jetés des fenêtres nous tombaient dru sur la tête. Aussi ai-je vu des anciens zouaves avoir dans les yeux des larmes d'attendrissement. Le colonel nous accorda huit jours d'un repos bien mérité. Nous en profitâmes pour nettoyer nos effets et y mettre un peu d'ordre. Ils en avaient grand besoin. Il n'était pas rare en effet de voir à notre retour, une ou plusieurs pièces de drap rouge cousues après le pantalon de toile d'un zouave, et des pièces en peau de bouc ou de chèvre après sa veste de drap noir.

Une agréable surprise m'attendait à Constantine. Fontaine, cet ami intime dont j'ai parlé au commencement de ce récit, venait de passer tambour en pied dans ma compagnie et attendait celle-ci pour y prendre rang. Il était né pour ce grade. Tout jeune, il prenait souvent les baguettes en main, et s'escrimait de son mieux sur la caisse de son père qui était tambour des pompiers. Cet exercice lui servit, car un an après il était le meilleur tapin du régiment et près de passer caporal tambour, quand malheureusement les tambours furent supprimés pendant un certain temps. Je ne devais pas rester longtemps avec lui, car quatre jours après notre arrivée, je fus désigné d'office pour partir à l'École normale militaire de Joinville-le-Pont, afin d'y suivre le quinzième cours. Le surlendemain j'étais à Philippeville, pour me faire désarmer, et le même jour, mardi 21 juillet, à cinq heures du soir, je prenais passage sur le *Mahomet*, transport de la Compagnie Transatlantique. La traverse fut très mauvaise. Ce navire embarquait à chaque instant des paquets de lames, et au bout de peu d'heures, les passagers qui comme moi devaient rester sur le pont étaient mouillés jusqu'aux os. Ce fut seulement le lendemain, dans la matinée, que le commandant du bord voyant la continuation de la tempête, nous permit de descendre au faux pont ; ce dont je fus très satisfait, car me faufilant près de la machine, je me fis sécher du mieux que je pus.

Au golfe de Lion, (ce passage si redouté par nos marins pendant les gros temps), notre bâtiment fut le jouet des vagues et nous roulions les uns sur les autres. Nous avions beau nous cramponner après les mâts ou les cloisons, la violence du choc nous faisait bientôt lâcher prise. Les femmes, les enfants criaient, pleuraient et priaient ; les hommes étaient dans la consternation. Plus de lazzis, plus de conversations bruyantes ; chacun se taisait, attendant le sort qui nous était réservé. En voyant ce tableau des plus saisissants, je commençais à regretter amèrement le jour où javais quitté mon pays.

Heureusement, nous en fûmes quittes pour la peur. Vers le matin, le vent s'apaisa, les flots devinrent moins menaçants et les passagers reprirent un peu de calme. Après cinquante deux heures de traversée, nous entrions dans le port de la Joliette, vieux port de Marseille. Nous avions mis vingt heures de plus que les courriers n'en mettent pour faire le même trajet en temps calme.

La visite de la douane passée, l'officier qui était venu nous chercher nous conduisit au fort Saint-Jean, caserne de subsistances. J'étais content de revoir ce fort où j'avais stationné trois ans auparavant. Je me retrouvais donc sur le sol de la France, après avoir subi toutes sortes de tortures et d'angoisses, après avoir enduré mille privations. Enfin je revoyais cette mère-patrie que je croyais à jamais perdue pour moi ! Ma plume est impuissante à retracer ce que j'éprouvais alors. J'allais donc avoir la satisfaction de revoir mes parents ! Je me croyais parti depuis dix ans de mon pays et j'étais sans nouvelles des miens depuis plus de trois mois !

Quelques heures après mon débarquement, je prenais le train pour Paris où j'allais pour la première fois. Que d'illusions je me faisais alors sur cette ville !

Le voyage se fit trop lentement à mon gré. Cependant je n'avais pas lieu de m'ennuyer, car deux dames qui étaient dans la même voiture eurent pour moi bien des égards.

Aux heures de repas, elles partageaient avec moi des vivres contenus dans un sac assez volumineux. Nos deux voyageuses venaient de Nîmes et se rendaient aussi à la capitale. L'une d'elles avait un oncle officier dans mon régiment. De là les prévenances que ces dames avaient pour moi.

En arrivant à Lyon où il y a cinquante-cinq minutes d'arrêt, je pensai à Levé que j'avais rencontré dans cette ville trois ans auparavant. J'étais à me demander ce qu'il était devenu. Etait-il mort ou en vie ? Je l'ignorais. Ce ne fut que deux ans après que je le rencontrai un peu changé, il est vrai, mais tout à son avantage. Enfin j'arrivai à Paris à 4 h. 1/2 du matin, le samedi 26 juillet 1879.

Après avoir dit adieu aux deux dames, je mis sac au dos et mes renseignements pris, je me dirigeai en hâtant le pas du côté de l'Avenue d'Italie où demeurent ma sœur et mon beau-frère que je n'avais pas vu depuis huit ans !

Je fus, durant tout mon parcours, l'objet de bien des commentaires de la part des ouvriers et des personnes que je rencontrais. Les uns disaient . « C'est un zouave du 1er régiment » ; les autres répondaient : « Mais non, il est du 4e ». Toutes ces observations me faisaient rire et je continuais mon chemin. Les enfants surtout me regardaient d'un œil d'envie, et plus d'un, j'en suis sûr, en voyant mon large pantalon, mes guêtres blanches bien ajustées et ma calotte avec son beau gland bleu qui me tombait sur l'épaule, plus d'un, dis-je. se promettait de s'engager un jour dans les zouaves. Pauvres enfants, me disais je, vous serez appelés un jour à servir la patrie ; ce que je vous souhaite, c'est de ne pas tomber en Afrique, misérablement dans une plaine ou dans un fossé, mourant de soif ! Mieux vaut tomber en face de l'ennemi, frappé d'une balle ou percé d'un coup de baïonnette !

Que l'on me pardonne ces tristes pensées qui se trouvent à profusion dans mon récit, mais le lecteur comprendra sans peine que les scènes émouvantes auxquelles j'avais assisté n'avaient pas été sans laisser en moi de dures impressions.

J'arrivai, tout en réfléchissant ainsi, sur le pont d'Austerlitz où une marchande de café m'invita gracieusement à accepter une tasse. Je grelottais ; ce chaud réconfortant me mit de bonne humeur, Quelques passants avaient fait cercle autour de moi ; chacun m'interrogeait sur un parent sur un parent, sur un ami appartenant au même corps que moi. Car les quatre régiments de zouaves comptent parmi eux beaucoup de parisiens.

Malheureusement ceux dont on parlait m'étaient inconnus et je ne pus renseigner personne.

Il était 7 heures du matin lorque je m'arrêtai devant le n° 154 de l'aveuue d'Italie. C'était là que demeurait ma sœur. La concierge m'indiqua son domicile, au deuxième étage, deuxième porte à droite. Ce fut avec bonheur que je montai ces deux étages et c'est avec une vive émotion que je frappai à la porte derrière laquelle se trouvait celle que j'amais tant.

Le « Entrez » traditionnel prononcé, je franchis le seuil et je pénétrai comme une bombe dans la chambre. J'étais sûr de ne pas m'être trompé. J'avais reconnu la voix de ma sœur. Elle n'était pas seule. Trois jolis bébés, dont l'aînée, une fillette de huit ans et deux garçons de quatre et six ans, regardaient d'un air tout ébahi. Cela se conçoit. Quant à leur mère elle était encore plus étonnée. Elle me demanda sans me reconnaître ce que je désirais. Je courus à elle et je l'embrassai. Elle me reconnut enfin. Elle était heureuse et moi aussi ! !

Mon beau-frère, à cette époque était employé à la gare d'Orléans. J'allai le voir dans la journée ; lui aussi, comme sa femme eut d'abord de la peine à me reconnaître,

Le surlendemain lundi, je me présentai à l'Ecole d'escrime et de gymnastique de Joinville, mais comme tous les nouveaux élèves n'étaient pas encore arrivés, ce ne fut que quatre jours après que nous commençâmes notre travail.

Rien n'était plus bizarre que ce camp de Saint-Maur où sont représentés tous les régiments français ; mais aussi rien n'était de plus beau que toutes les baraques alignées au cordeau, couvertes de plantes grimpantes : houblons lierres, volubilis.

Une belle avenue toute sablée et bien entretenue par les corvées conduisait à ces jolies maisons de bois.

L'hiver, par contre, me parut assez triste, plus de fleurs, plus de belles allées ! la neige couvrait souvent les petits jardins au dehors, et au dedans couvrait nos lits.

Aujourd'hui tout est bien changé au camp. Les baraques ont fait place à de jolis petits pavillons très bien décorés à l'intérieur, surtout ceux qui servent de réfectoires, où des écussons faits par des maîtres, rappellent les plus célèbres tireurs qui ont passé par l'Ecole depuis sa fondation.

Sans m'attarder à des détails insignifiants, je ne dois pas cependant quitter cet établissement de Joinville, sans parler un peu du personnel enseignant.

On sait que, depuis la guerre, pour avoir la réputation d'un bon maître d'armes, d'un maître de gymnastique capable, il faut avoir été élève de l'Ecole de Joinville. Il est en effet reconnu que ceux qui ont l'honneur d'être admis à Joinville deviennent rapidement, grâce aux maîtres éminents qui les dirigent, des gymnastes et des tireurs remarquables. De mon temps, le capitaine-commandant de l'Ecole était M. Bonnal. Il remplissait ce poste des plus difficiles avec la plus grande dignité et la plus grande sagesse. Il était infatigable. Combien de fois l'ai-je vu rester à cheval des demi-journées entières, sans lassitude apparente ; il était partout, inspectait tout ; il était bon, sévère, juste.

Comme il était vaillamment secondé par les capitaines Fauvel et Co Kempo, l'Ecole, de son temps, marchait admirablement. Le gouvernement de la République récompensa, comme il convenait, M. Bonnal de son zèle. Il est maintenant directeur des Etudes à l'Ecole Supérieure de guerre.

M. Bonnal fut remplacé dans ses délicates fonctions, par le commandant des dragons Dérué, le remarquable tireur, le champion de l'escrime française.

Mon année à Joinville se passa rapidement. Tous les dimanches j'étais en famille. Les jours de semaine, j'étais trop occupé pour avoir le temps de m'ennuyer. Du reste, j'étais moralement tranquille, car j'avais obtenu une permission de quatre jours, que j'avais employée à aller revoir mon vieux père. Je l'avais trouvé un peu vieilli, mais toujours en bonne santé, malgré ses soixante-huit ans.

Le 21 juillet 1889, le jour de mon départ de l'Ecole arriva sans que j'y eusse songé. Il fallut me soumettre et reprendre le train pour me rendre de nouveau en Algérie.

Singulier hasard. — Retour en Algérie Tébessa

Comme je l'ai dit plus haut, tous les dimanches, lorsque j'étais à Joinville, je me rendais chez mon beau-frère et j'y passais la journée. Un soir, comme je revenais, je passais sur la place d'Italie, marchant assez lentement, puisque j'avais tout le temps d'arriver à l'Ecole ayant la permission de deux heures du matin. Derrière moi, marchaient deux dames ; l'une d'un certain âge, l'autre beaucoup plus jeune. Elles causaient assez haut et je compris qu'il était question de « zouave ». La plus jeune (à en juger par le timbre de sa voix) disait à l'autre : « Maman, je t'assure que c'est un zouave... S'il était du régiment de mon frère... — Ce serait bien extraordinaire, répondit l'autre dame ; le hasard ne fait pas si bien les choses... Interrogeons cependant le soldat puisque tu le veux. »

Elles hâtèrent le pas pour me rejoindre. J'avais eu le soin de ralentir le mien. Alors la conversation s'engagea entre nous :

— « Monsieur de quel régiment faites-vous partie ?

— « Du 3e, répondis-je, 2e bataillon 1re compagnie.

— « Mais alors vous étiez avec mon frère ? dit la plus jeune.

Ayant demandé le nom du frère de la demoiselle, je demeurais surpris. Les personnes qui étaient devant moi étaient la mère et la sœur du pauvre Mesure, mort de soif dans les plaines de la Kabylie ! Je leur retraçai le tableau émouvant de la mort de leur fils et frère, et pour confirmer mes dires, je leur fis voir une bague en argent qu'il m'avait donnée quelques instants avant de mourir.

La jeune fille la reconnut aussitôt. C'était elle qui l'avait offerte à son frère comme souvenir. Je m'empressai de retirer la bague de mon doigt pour la lui restituer, lorsqu'elle me fit signe de la garder, car son émotion l'empêchait de parler.

Je quittai ces deux dames, après leur avoir promis d'aller leur rendre visite ; malheureusement je n'eus pas le temps de tenir ma promesse.

Le 21 juillet, c'est-à-dire un an, jour pour jour, depuis mon départ d'Algérie, je repris le train pour Marseille où j'arrivai deux jours après, Le même jour, je prenais passage sur la *Vanina-Bastia* de la Compagnie transatlantique qui me transporta à Philippeville, puis je fis route par la voie ferrée pour Constantine où j'arrivai le 30. Le lendemain, je fus présenté au rapport du colonel qui me complimenta pour mon travail à Joinville. Les notes de l'Ecole m'avaient devancé. Mon chef de corps m'ayant demandé par dépêche, pour remplacer l'adjudant-maître d'armes, gravement malade, je pris possession de mon nouveau poste où je sus, je puis l'avouer, acquérir l'estime de mes chefs et celle de mes inférieurs. Pendant ce temps, le commandant Bounin du 2e bataillon ayant entendu parler de moi me demanda avec instance au colonel qui crut devoir ne pas me refuser. Je partis donc pour Tébessa où se trouvait le 2e bataillon. Cette ville est située sur les frontières de Tunisie et à 8 étapes de Constantine. Lorsque j'arrivai, mon premier devoir fut d'aller rendre visite au commandant qui me reçut très bien, Une heure après, je lui donnai une première leçon d'escrime, puis tous les jours je recommençai. Plus tard je sus pourquoi le commandant prenait des leçons avec assiduité. Il avait reçu un jour dans un dîner un affront d'un de ses supérieurs qui n'appartenait pas à la même arme. Ne pouvant demander sur le moment raison à son offenseur (dans l'armée on ne peut se battre qu'avec ses égaux en grade) M. Bounin travaillait l'escrime en attendant qu'il eût le droit de provoquer celui qui l'avait insulté. Plus tard, m'a-t-on dit, il se battirent, et M. Bounin tua son offenseur.

Quatre ou cinq mois après, il nous fallut changer de garnison et retourner à Constantine. Décidément cette ville devait être mon séjour habituel. Nous arrivâmes, non sans avoir eu beaucoup à souffrir en route, il plut à torrents pendant six jours, et le soir, lorsque nous étions bien fatigués, il nous fallait encore coucher sur la terre mouillée. Je me rappelle qu'un matin, je me réveillai, le corps à moitié en dehors de la tente, baignant dans la rigole que l'on a soin de faire tout autour pour l'écoulement de l'eau J'étais tellement exténué de fatigue que je dormis plusieurs heures dans cette position.

A Constantine, je repris mes anciennes fonctions de maîtres d'armes, et je me promettais bien de finir tranquillement mon congé.

Mais « l'homme propose, et Dieu dispose. »

Durant plusieurs mois, je fus très heureux, car je n'avais qu'à m'occuper de ma salle d'armes J'étais souvent libre; c'est pendant ces moments de liberté que je fis connaissance de la jeune fille avec laquelle je me suis marié en quittant le service.

Expédition en Kabilie. — Mon congé est fini. — Mon ami Levé

Cet état de choses ne dura pas pas longtemps. Un beau jour nous reçûmes l'ordre de faire nos sacs, et après avoir touché pour cinq jours de vivre, nous partîmes à la chasse des Kroumirs. Cinq heures après l'ordre arrivé, nous étions en route nous dirigeant, à marches forcées, du côté de Tunis. Il faut croire que « cela chauffait ». Nous faisions partie de la colonne du centre (général Forgemol). Peu de jours après nous commencions le feu ; c'était à Ghardinahou. L'ennemi fut repoussé, puis les hussards cernèrent les fuyards qui furent faits prisonniers au nombre de trois cents environ. L'on fit aussi une assez forte razzia. Sept à huit mille têtes de bétail furent prises ce jour-là : chevaux, mulets, chameaux, moutons, etc.

Comme nous ne pouvions pas conserver notre prise, sans risquer d'entraver notre marche, ma compagnie fut désignée pour conduire les prisonniers à Bône qui se trouvait à six jours de marche. La razzia resta sur place, sous la garde d'un fort détachement qui devait être relevé au premier passage de troupes.

Il nous arriva alors une aventure tellement drôle que j'en ris chaque fois que j'y pense.

Le 1er régiment de hussards formant colonne avec nous était presque tout entier fourni en chevaux français, mais ces animaux si utiles en France rendent peu de services en Afrique. N'étant pas habitués au climat et ne pouvant supporter les privations, ils meurent assez vite ; aussi est-on obligé maintenant en Afrique de monter nos cavaliers de chevaux Arabes.

Comme nous avions pris beaucoup de chevaux arabes à Ghardinahou, les hussards s'en emparèrent et chargèrent ma compagnie de conduire les leurs à Bône. Tous les zouaves furent bientôt à cheval ! Quelques-uns se tenaient assez bien, mais la plupart se cramponnaient à la crinière des chevaux, à la cinquième rêne. Les vieux Algériens n'avaient jamais vu un spectacle pareil. Ils riaient de bon cœur. Il y avait de quoi !

Notre troupeau placé en lieu sûr ; nous nous remîmes en route et nous gagnâmes la petite ville de Souk-Ahras.

Là, nous devions attendre de nouveaux ordres avant de pousser plus loin. Les ordres arrivèrent plus tôt que nous le pensions. Pendant mon séjour dans cette petite ville, deux sous-officiers s'étant pris de querelle devant tous les hommes, le capitaine les fit aller sur le terrain. Je fus naturellement chargé de surveiller le duel. Le capitaine voulant un exemple sérieux, je laissai prolonger le combat jusqu'à conclusion de cinq blessures peu graves, il est vrai. Je fus heureux de ce dénoûment. Car avec l'acharnement que les adversaires mettaient à se toucher, il me fallait un grand sang-froid pour parer les mauvais coups. Chose singulière! l'endroit choisi pour ce duel se trouvait derrière le cimetière; et par-dessus le mur très bas d'ailleurs, on voyait une fosse creusée prête à recevoir un corps qui aurait pu être celui d'un des deux combattants.

Le lendemain nous partîmes pour Tunis en passant par Sfax, la Goulette, etc. Je ne retracerai pas ici toutes les péripéties de cette campagne que les journaux ont racontée dans tous ses détails. Je dirai seulement qu'après dix mois de marches et de contre-marches, ma compagnie se rendit à Philippeville pour se remettre de ses fatigues. Nous pensions alors que l'expédition se terminerait sans qu'il fût question de nous. Après avoir couché pendant dix mois sur la terre, par tous les temps, n'ayant pour oreillers que nos sacs dont les planches nous entraient dans la tête, heureux quand la tempête ne nous enlevait pas nos tentes, après avoir supporté un jeûne prolongé, les marches forcées, les alertes, enfin des privations de toute sorte sans compter les souffrances physiques, n'avions-nous pas droit à un peu de repos? Quelle était notre erreur! l'ordre nous vint de repartir pour Kairouan, la ville sainte de Mahométans. Heureusement, je n'avais plus que dix-neuf jours à faire pour finir mon congé, — aussi fus-je désigné pour rester au dépôt

Le gros major, M. de Luxer, vint me voir plusieurs fois et me proposa de rengager. Mais je refusai.

Sur ces entrefaites, Fontaine vint me trouver. Comme il était à la section hors-rang de Constantine, je ne l'avais pas vu depuis mon départ de cette ville. Il venait se faire désarmer et devait prendre le premier courrier pour rentrer en France et aller à Saint-Nicolas.

Quelques jours avant mon congé, j'assistai à un spectacle horrible et grandiose tout à la fois. Sur la gauche de la route de Stora, en allant au camp des Béni-Mélech, sont des montagnes toutes boisées. Tout à coup, le feu se déclare dans une de ces forêts, et avec une rapidité vertigineuse, des gerbes de flammes qui s'élèvent à plus de vingt mètres au-dessus des arbres, se propagent et couvrent bientôt une superficie de plus de cinq cents hectares. Les vaisseaux gardent la pleine mer n'osant aborder, tellement la chaleur est étouffante, toute la troupe et la population de Philippeville remplissent les rues et se portent en courant vers le lieu du sinistre, mais il est impossible d'en approcher.

De Constantine qui se trouve à plus de quatre-vingts kilomètres du fléau, on apercevait le ciel rouge comme du sang. Les dégâts matériels furent considérables, le régiment eut à déplorer la perte de trois zouaves dont un caporal qui n'avait plus que quelques jours à faire pour retourner dans ses foyers. Le caporal Martin et deux soldats qui m'étaient inconnus, furent retrouvés affreusement carbonisés, ils avaient la face contre terre et les yeux démesurément ouverts. Leurs effets d'habillement étaient consumés, excepté quelques lambeaux garantis par leurs ceinturons.

J'ai rarement vu des funérailles aussi imposantes que le furent celles de ces malheureux : officiers, soldats de toutes armes, pompiers et musiques, rien n'y manquait.

Enfin le 19 octobre 1881, à dix heures du matin, j'avais fini mes cinq ans de service. Comme j'avais versé la veille armes et bagages, il ne me restait plus qu'à prendre le train pour Constantine où j'allai revoir, avant de revenir en France, la jeune fille que j'avais connue avant de partir en Tunisie.

J'arrivai en gare à cinq heures. Je pris aussitôt la grande rue Nationale ; je l'avais parcourue en partie quand un adjudant de zouaves me frappa sur l'épaule. Je fus bien étonné quand je reconnus Levé, le camarade de Lyon. Son grade m'étonna. Levé ne savait ni lire ni écrire à son arrivée sous les drapeaux, et je le retrouvais sous-officier de 1re classe ! Naturellement mes premières paroles furent pour le féliciter de son avancement. Il portait, me dit-il les galons depuis huit jours, et il était à Constantine pour renouveler son engagement. Je lui rappelai la promesse qu'il avait faite à sa fiancée ; mais il m'apprit qu'elle était morte. C'est pour cette raison qu'il reprenait du service. Après un moment d'entretien, nous nous quittâmes, nous souhaitant bonne chance. Levé devait partir le lendemain par la Calle, un pays éloigné, et par conséquent il ne savait quand il reviendrait. Je n'entendis plus parler de lui.

Quant à moi après avoir passé quelques temps à Constantine, je revins en France voir mon vieux père. Peu de temps après je me mariai. Profitant de ce que j'avais appris au régiment, c'est-à-dire l'art de l'Escrime, je pris le parti d'enseigner l'Escrime. Puis, comme depuis l'âge le plus tendre, j'avais fait de la gymnastique, j'enseignai aussi la gymnastique et j'ai eu l'année dernière l'honneur, étant professeur à Provins où je suis encore, d'obtenir de l'Académie de Paris, après examen, le diplôme de Maître de gymnastique.

Voilà l'histoire de ma vie de soldat.

Cinq ans de service, sept campagnes, voilà ce que je fis de 18 à 23 ans !

JEAN LAGUERRE

Professeur d'escrime et de gymnastique
à Provins (Seine-et-Marne).

FIN

PROVINS. — IMP. A. VERNANT.

BIBLIOTHEQUE NATIONALE DE FRANCE
3 7531 04654839 3

www.ingramcontent.com/pod-product-compliance
Ingram Content Group UK Ltd.
Pitfield, Milton Keynes, MK11 3LW, UK
UKHW020425230726
13925UKWH00004B/1616

9 782013 619653